AF509775

Y²
769

BIBI-LA-BIBISTE

A FRANCIS POULENC

BIBI-LA-BIBISTE

BIBI-LA-BIBISTE

ROMAN

PAR LES

SŒURS X...

PARIS 1918

N° 299516

Que celui d'entre vous qui est sans
péché lui jette la première pierre.

(Jean - VIII , 7)

CHAPITRE PREMIER

ENFANCE

Sa naissance fut sem-
blable à celle des autres
enfants.

C'est pourquoi on la
nomma Bibi-la-Bibiste.

(Ceci fut l'enfance de
Bibi-la-Bibiste)

CHAPITRE DEUXIÈME

ADOLESCENCE

Le sang rouge coulait
dans ses artères; le sang
noir coulait dans ses
veines. (1)

(Telle fut l'adolescence
de Bibi-la-Bibiste.)

(1) CF. CAUSTIER, ANATOMIE ET
PHYSIOLOGIE ANIMALE ET VÉGÉTALE.

CHAPITRE TROISIÈME

AMOUR

A seize ans, elle travail-
lait dans un atelier.

— Aïe ! mon nez me
démange ! s'écria-t-elle.

— C'est un vieux qui
t'aime, répondirent ses
compagnes, interrompant
leur chanson.

Une violente émotion la
saisit. Son cœur fit volte-
face dans sa poitrine.

(Telles furent les amours
de Bibi-la-Bibiste.)

CHAPITRE QUATRIÈME

DÉCEPTION

Elle sortit.

Dans la rue populeuse,
les vieux messieurs pas-
saient, nombreux. Bibi-
la-Bibiste les examinait de
son regard anxieux. Mais
aucun ne répondit à son
appel. Un seul lui lança
un coup d'œil enflammé,
et il était jeune !

Ne voulant pas s'oppo-
ser aux desseins mysté-
rieux de la Fatalité (1),
Bibi-la-Bibiste poursuivit
son chemin.

(Et ceci fut la déception
de Bibi-la-Bibiste.)

(1) Nous aurions mis « Providence » si
le roman avait été destiné a "La Croix".

CHAPITRE CINQUIÈME

RIDEAU

Dans un lit d'hôpital
s'éteignit Bibi-la-Bibiste.
Comme Marie sa patronne,
comme Jehanne d'Arc,
elle était vierge. Mais sa
fiche portait la mention
« Syphilitique. »

O puissance magique
d'un regard amoureux !

(Et ceci est le dernier et
le plus tragique chapitre du
roman de Bibi-la-Bibiste.)

Cet Ouvrage a été tiré
à Cinquante exemplaires
sur Simili Japon, numé-
rotés de **1** à **50**.

Numéro   31

Achevé d'imprimer
le 7 Février 1918
par Paul Birault
4, Rue Tardieu Paris

www.ingramcontent.com/pod-product-compliance
Lightning Source LLC
LaVergne TN
LVHW021646170726
843501LV00007B/2429